ESCHBACHER MINIS

für dich

Bibliographische Information der Deutschen Nationalbibliothek:
Die Deutsche Nationalbibliothek verzeichnet diese Publikation in der Deutschen Nationalbibliographie; detaillierte Daten sind im Internet über http://dnb.d-nb.de abrufbar.

ISBN 978-3-88671-875-7

Im Alten Rathaus/Hauptstr. 37
D-79427 Eschbach/Markgräflerland

www.verlag-am-eschbach.de

Gestaltung: Ulli Wunsch, Wehr.
Satz und Repro: Schwabenverlag Media der Schwabenverlag AG, Ostfildern-Ruit.
Herstellung: Süddeutsche Verlagsgesellschaft Ulm.

Max Feigenwinter

Bunte Herbst-farben wünsch ich dir

Eschbach

Sei offen für Veränderung

Viele bedauern es, wenn der Sommer vorüber ist – die heißen Tage und warmen Nächte – die Zeit, in der viele im Freien leben. Andere sind froh, dass es kühler wird und die Nächte angenehmer sind.
Viele freuen sich auf diese Jahreszeit, wenn sich die Blätter verfärben und die Früchte reifen, wenn Nebeltage die Landschaft verändern und alles langsamer werden lassen, wenn Winde über die Landschaft hinwegfegen und das Laub von den Bäumen blasen.
All diese Veränderungen sind uns Symbol. Auch bei uns verändert sich manches sehr schnell. Obwohl wir wissen, dass alles im Fluss ist, sind wir doch manchmal überrascht, wenn heute so vieles ganz anders ist als gestern.

Obwohl ich weiß,
wie sehr sich alles verändert,
staune ich immer wieder von neuem:
Ich bewundere die Farben der Blätter,
genieße die süßen Früchte
und weiß,
dass bald alles ruhen muss,
wenn Neues werden soll.

Manchmal
bin ich froh über den Wind,
der manches durcheinander bringt,
vieles wegbläst,
mich manches neu sehen lässt
und mich auffordert zu tun,
was schon lange getan werden müsste.

Manchmal
brauche ich den Wind,
der mich erschreckt,
mir zeigt, was nicht niet- und nagelfest ist,
mir Mängel vor Augen führt
und mich zwingt zu tun,
was notwendig ist.

Das Zarte der Jugend
ist vorbei

das milde Grün
verschwunden

die feinen Blüten
verwelkt

die Früchte
gewachsen

Gereift und strahlend
blickst du zurück,
dankst für dieses Leben in Fülle.

Auf einem Spaziergang durch den Herbstwald oder durch einen Park erleben wir die Farbenpracht. An Waldrändern und Hecken können wir über die Fülle der Früchte staunen. Was kurz vorher noch grün war, sehen wir jetzt in warmen Herbstfarben.
Wir können uns an dieser Farbenpracht und der Fülle der Früchte freuen oder sie einfach übersehen. Wir können das Seltsame eines Nebeltages genießen oder bedauern, dass die Sicht so schlecht ist.
Wir können mit offenen Sinnen durch die Landschaft gehen und uns klar darüber werden, dass wir selbst oder unsere Mitmenschen im Herbst des Lebens stehen.
Genießen wir diese farbenprächtige Zeit.

Warum siehst du heute alles
nur grau und trüb?

Warum genießt du es nicht,
dass heute alles anders ist?

Brich auf:
Suche das Neue im Gewohnten,
das Besondere im Alltäglichen.

Brich auf,
damit du die Wunder siehst,
die nur dieser Tag dir zeigen kann.

Genieße
diese
reiche
Zeit

Ich genieße
die Farben des Herbstes
und weiß,
dass sie vergänglich sind.

Ich genieße
die Zeit der Ernte
und weiß,
dass sie uns geschenkt ist.

Ich genieße
die Frische der Abende
und weiß,
dass es bald kälter wird.

Ich genieße
das Besondere dieser Tage
und weiß,
dass dies mein Leben bereichert.

Herbstblätter

Nur von weitem scheint es,
sie seien alle gleich –
sie haben die gleiche Form,
sind alle bunt.

In Wirklichkeit ist jedes anders,
unterschiedlich groß,
anders gefärbt,
voller Besonderheiten.

Nur von weitem scheint es,
wir seien alle gleich;
in Wirklichkeit sind wir alle etwas
Besonderes,
einmalig, eigenartig und einzigartig.

Du hast Grund, dich zu freuen:
Dich gibt's nur einmal.
Sei wie du zutiefst bist!

Oft staunen wir über einen Baum, wenn die Sonne die warmen Herbstfarben erst richtig zum Leuchten bringt. Wir wissen aber auch, dass dieses Wunder uns nur kurze Zeit erhalten bleibt. Eine kühle Nacht, ein starker Wind reichen aus – und die Pracht ist vorbei. Wir bedauern vielleicht, dass wir uns nicht mehr Zeit genommen haben hinzuschauen und das Wunder zu genießen. Wir wissen aber auch, dass es so sein muss, dass nur so Neues entstehen kann.

Vom Herbst lernen

loslassen,
was ich nicht mehr brauche

frei werden,
damit Neues werden kann

ruhen
und wieder bereit werden

geschehen lassen,
was unvermeidlich.

Weil die Blätter bunt werden,
ihre Kraft verlieren,
zu Boden fallen,
wird der Baum nicht brechen,
wenn Schnee fällt.

Weil die Blätter bunt werden,
ihre Kraft verlieren,
zu Boden fallen,
kann wachsen,
was in der Tiefe angelegt ist.

Wenn wir annehmen, was ist,
zulassen, was sein muss,
loslassen,
kann Neues entstehen.

Ich halte nicht mehr fest,
was vor kurzem
noch wichtig war,
sehe ein,
dass alles vergänglich ist,
nehme an,
dass Kräfte schwinden
und freue mich
an den Möglichkeiten,
die jeder Tag mir schenkt.
Alles,
was ich zurücklassen muss,
war nicht umsonst.
Ich darf gewiss sein,
dass es Neues ermöglicht.

Nimm dir Zeit um wahrzunehmen

Ein Baum im Spätherbst, die Blätter sind gefallen, die Farbenpracht vorbei. Kein Grund anzuhalten, kein Grund zum Staunen. Und doch, wenn wir genau hinsehen, entdecken wir, was langsam wachsen und werden wird.
Eine Landschaft im Nebel. Wir sehen nur wenig und doch ist alles da. Der Nebel zwingt uns langsamer zu gehen, behutsamer zu sein und ermöglicht uns, uns neu wahrzunehmen.

Manchmal,
wenn ich weniger sehe,
muss ich
langsamer gehen,
genauer schauen,
sorgfältiger entscheiden,
länger warten,
überlegter handeln.
Manchmal,
wenn ich weniger sehe,
erfahre ich mehr.

Könnte es sein,
dass auch in uns,
unscheinbar
Neues verborgen ist?

Könnte es sein,
dass es langsam,
ganz langsam
wachsen muss?

Ich will Sorge tragen,
geduldig warten,
vertrauen,
dass Neues möglich wird.

Manchmal, wenn
der Nebel dicht,
die Sicht behindert,
die Orientierung erschwert,
die Gefahr erhöht ist,
muss ich langsamer fahren.

Manchmal, wenn
ein Problem groß,
das Verständnis erschwert,
die Lösung fern,
die Hoffnung klein ist,
muss ich anhalten,
ruhig werden,
neue Wege suchen,
verschiedene Möglichkeiten
prüfen,
vielleicht um Hilfe bitten
und langsam weitergehen.

Manchmal
gefällt es mir,
im Nebel zu wandern,
manches nur halb zu sehen,
im Geheimnisvollen zu verweilen.

Manchmal
brauche ich es,
im Nebel zu wandern,
nach innen zu schauen,
mich besser kennen zu lernen.

Der Herbstwind hat die letzten Blätter weggefegt. Ich betrachte die nackten Zweige und entdecke erst jetzt Knospen, in denen das Wunder steckt, das uns im kommenden Frühjahr erfreut. Unscheinbar, überdauernd.

Ernte, sei dankbar und teile

Was lange gepflegt, lange gewachsen ist, kann jetzt geerntet werden. Dankbar für die Fülle freuen wir uns und feiern miteinander, weil wir wissen, dass wir uns zwar bemühen können, dass es aber letztlich nicht in unserer Hand liegt, ob die Ernte reich sein wird.
Wir dürfen uns freuen, wir dürfen genießen und wir sollten nicht vergessen zu teilen.

Vergiss nicht,
deine Früchte zu ernten.

Du darfst dich freuen,
wenn du
ruhig zugehört und
verstanden,
unterstützt und
feinfühlig begleitet,
angemessen gefördert
und ermutigt,
wohlwollend bestärkt und
geführt,
geduldig gewartet
und ermöglicht hast.

Du darfst dich freuen,
wenn Mitmenschen dir danken.

Und vergiss nicht zu danken
für all die Fähigkeiten,
die dir geschenkt sind,
die all dies bewirkt haben.

Erntedank

Jetzt
die Früchte ernten,
die langsam gewachsen

jetzt
sichten und ordnen,
was uns geschenkt

jetzt
annehmen lernen,
dass nicht alles gelungen

jetzt
still werden und staunen,
was vieles gereift

jetzt
ehrfürchtig annehmen,
dankbar sein.

Freuen wir uns an den intensiven Herbstfarben
oder sehen wir nur welke, sterbende Blätter?

Genießen wir den bunten Herbstbaum
oder ärgern wir uns über das viele Laub am
Boden?

Sind wir dankbar für die reifenden Früchte
oder bedauern wir, dass der Sommer vorbei ist?

Nehmen wir an, was ist
oder trauern wir Vergangenem nach?

Leben wir diese Zeit,
die niemals wiederkehrt?

Max Feigenwinter, geboren 1943, ist Didaktiklehrer, Erwachsenenbildner und Autor mehrerer Nachdenk-Bücher sowie pädagogischer und unterrichtspraktischer Fachbücher.
Zuletzt erschienen im Verlag am Eschbach:

Aufstehen und leben (Geschenkheft 763).
Dem Glück auf der Spur. Inspirationen zur Bergpredigt (Mini 892).
Dieser Tag ist dir geschenkt. Eine Wegbegleitung (Mini 520).
Einander Engel sein. Gedanken zur Weihnachtszeit (Mini 006).
Sei du selbst (Mini 773).
Worte können Wunder wirken (Geschenkheft 548).

Ulli Wunsch, geboren 1962, besitzt ein Diplom der Schule für Gestaltung Basel und lebt als Maler und Grafiker in Wehr.
Er hat dieses Heft gestaltet und die kalligraphischen Schriftvorlagen in Handarbeit entworfen. www.ulliwunsch.de

Mit Fotografien von **Klaus Ender**, Bergen auf Rügen (S. 5 und 9), **Reinhard Kemmether**, Nürnberg (S. 22); Sibille Müller, Raubach (S. 3, 6/7, 10/11, 12, 14/15, 19, 20/21) **photocase.com** / kasulzke (Umschlagbild) und **Karl-Heinz Schlierbach**, Gladenbach (S. 17).

Manufakt

Dieser Baum steht für klimaneutrale Produktion, umweltschonende Ressourcenverwendung, individuelle Handarbeit und sorgfältige Herstellung.

Musil zum Vergnügen